Houghton
Mifflin
Harcourt

SENDEROS

ESTÁNDARES COMUNES

Autoras del programa

Alma Flor Ada

F. Isabel Campoy

Printed in the U.S.A.

ISBN 9780544155930

4 5 6 7 8 9 10 0868 22 21 20 19 18 17 16

4500598365   A B C D E F G

Unidad 2

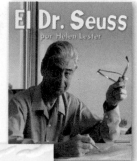

El gallo de bodas

CUENTO POPULAR

por Lucía M. González • ilustrado por Lulu Delacre

Libro para leer

¡Hola, lector!

Este libro está lleno de personajes que tienen algo que compartir. Una tía talentosa comparte su música, una ardilla hace algo especial para cada uno de sus amigos y un escritor cuenta un cuento sobre un gato amoroso que usa sombrero.

¡Da vuelta a la página para que veas todo lo que las autoras de estos cuentos queremos compartir contigo!

Las autoras

unidad 2

6

por qué

dijo

viene

nadie

estaba

ser

Librito de
vocabulario

Tarjetas
de contexto

RF.1.3g recognize and read irregularly spelled words

Leamos
juntos

Palabras que quiero saber

▶ Lee cada **Tarjeta de contexto.**

▶ Elige dos palabras en azul y úsalas en oraciones.

1 **por qué**

¿Por qué están solos los lobitos?

2 **dijo**

El guardabosques dijo que tengamos cuidado.

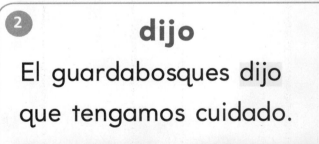

3 viene

Esta loba viene a buscar a los lobitos.

4 nadie

Los lobos oyen mejor que nadie.

5 estaba

Los lobos corrían a su casa, que estaba lejos.

6 ser

Los lobos pueden ser peligrosos.

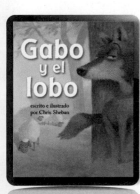

Leer y comprender

Leamos juntos

Aprende en línea

☑ DESTREZA CLAVE

Comprender a los personajes Los **personajes** son las personas y los animales de un cuento. Mientras lees, piensa acerca de lo que dicen y hacen los personajes. Usa evidencia del texto para descubrir cómo es un personaje. Usa una tabla como esta para enumerar evidencias del texto acerca de un personaje.

Palabras	Acciones

☑ ESTRATEGIA CLAVE

Resumir Detente para decir los sucesos principales mientras vas leyendo.

ESTÁNDARES COMUNES **RL.1.3** describe characters, settings, and major events

Cuentos tradicionales

Las fábulas son cuentos antiguos. Se cuentan desde hace muchos años. Las fábulas pueden enseñar una lección. Nos pueden decir cómo debemos actuar. **Gabo y el lobo** es una fábula. Trata de un niño que engaña a los demás. ¿Conoces algún cuento parecido a este? Descubre qué lección enseña este cuento.

TEXTO PRINCIPAL

Gabo
y el
lobo

escrito e ilustrado
por Chris Sheban

✓ DESTREZA CLAVE

Comprender a los personajes Di las palabras y las acciones de los personajes.

✓ GÉNERO

Una **fábula** es un cuento corto que enseña una lección. Mientras lees, busca:

▶ una lección sobre la vida,

▶ sucesos que se repiten una y otra vez.

ESTÁNDARES COMUNES **RL.1.2** retell stories and demonstrate understanding of the message or lesson; **RL.1.3** describe characters, settings, and major events; **RL.1.10** read prose and poetry

Conoce al autor e ilustrador

Chris Sheban

Para crear arte, Chris Sheban usa, por lo general, acuarelas y lápices de colores. Ha ilustrado libros para niños y estampillas. Con Tedd Arnold, Jerry Pinkney y otros artistas, Chris hizo el libro **Why Did the Chicken Cross the Road?** (¿Por qué cruzó el pollo el camino?)

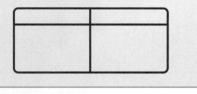

Gabo y el lobo

escrito e ilustrado
por Chris Sheban

PREGUNTA ESENCIAL

¿Qué lecciones puedes
aprender de los
personajes de un cuento?

Una vez, Gabo estaba en la colina. Cuidaba a las ovejas.

—¡Qué aburrido! —dijo Gabo.

—Gritaré: "¡Viene el **lobo**!".

Sus amigos corrieron a la colina.
No vieron al lobo.

Gabo estaba más aburrido que un gusanito.

—Gritaré **lobo** de nuevo.

Sus amigos volvieron a la colina.

No vieron al lobo.

—Esto me divierte —decía Gabo.

Un día vino el lobo.
Estaba en una roca.

Gabo gritó. Las ovejas
corrieron.

—El lobo vino a la colina, Nana
—dijo Gabo.
—¿Por qué nadie me ayudó?

—No está bien engañar —dijo Nana.

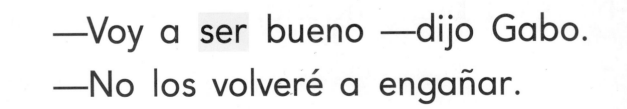

—Voy a **ser** bueno —dijo Gabo.

—No los volveré a engañar.

Ahora analiza

Leamos juntos

Cómo analizar el texto

Aprende más acerca de comprender a los personajes y el mensaje del cuento. Después vuelve a leer **Gabo y el lobo**.

Comprender a los personajes

Gabo es un **personaje** de **Gabo y el lobo**. Piensa acerca de lo que Gabo dice y hace. Puedes usar evidencia del texto para descubrir cómo es Gabo. ¿Qué hace al principio del cuento? ¿Qué dice? Enumera evidencias de Gabo y otros personajes en una tabla para ayudarte a comprenderlos mejor.

Palabras	Acciones

ESTÁNDARES COMUNES **RL.1.2** retell stories and demonstrate understanding of the message or lesson; **RL.1.3** describe characters, settings, and major events

Mensaje del cuento

Gabo y el lobo es una fábula. La mayoría de las fábulas enseñan una lección sobre cómo deben actuar las personas.

En este cuento, se repite un suceso más de una vez. ¿Qué es lo que Gabo hace repetidas veces? ¿Qué hacen sus amigos? ¿En qué cambia Gabo al final del cuento? Este cuento ofrece un mensaje muy importante. ¿Qué lección aprendiste de este cuento?

Es tu turno

 mi Escritura genial

REPASAR LA PREGUNTA ESENCIAL

Turnarse y comentar

¿Qué lecciones puedes aprender de los personajes de un cuento?

Habla acerca de la lección que aprende Gabo. Di si crees que ha cambiado su forma de actuar. Usa evidencia del texto para explicarlo. Agrega tus ideas a lo que diga tu compañero.

Comentar en la clase

Conversa sobre estas preguntas con tu clase.

1 ¿Por qué Gabo grita **¡Lobo!** la primera vez?

2 ¿Qué pasa cuando Gabo grita **¡Lobo!** la última vez?

3 ¿Qué lección aprendió Gabo?

Respuesta Escribe palabras para indicar cómo es Gabo. Busca evidencia en el texto. Usa las palabras y los dibujos del cuento para describirlo.

Sugerencia para la escritura

Agrega adjetivos y otras palabras para dar más información sobre Gabo.

Aprende en línea

ESTÁNDARES COMUNES

RL.1.2 retell stories and demonstrate understanding of the message or lesson; **RL.1.7** use illustrations and details to describe characters, setting, or events; **SL.1.1b** build on others' talk in conversations by responding to others' comments; **L.1.1f** use frequently occurring adjectives

CUENTO DE HADAS

LOS TRES CERDITOS

✓ GÉNERO

Un **cuento de hadas** es un cuento con personajes que hacen cosas increíbles. Estos cuentos son muy antiguos. Las personas los cuentan desde hace muchos años.

✓ ENFOQUE EN EL TEXTO

Muchas veces los cuentos de hadas tienen **frases** que son muy comunes en los **relatos de cuentos**, como **había una vez** y **fueron felices para siempre**. Busca estas frases. ¿Qué significan?

LOS TRES CERDITOS

Había una vez tres cerditos.

El primer cerdito hizo su casa de paja. Estaba muy feliz. De pronto vio al lobo.

—¡Déjame entrar! —dijo el lobo.

—¡No puede ser! —dijo el cerdito.

—Voy a soplar y soplar. Y tu casa voy a tumbar —dijo el lobo.

El segundo cerdito fue más cuidadoso. Hizo su casa de madera.

—¡Déjame entrar! —dijo el lobo.

—¡No puede ser! —dijo el cerdito.

—Voy a soplar y soplar. Y tu casa
voy a tumbar —dijo el lobo.

El tercer cerdito hizo su casa de
ladrillos. Hizo una casa muy fuerte. El
lobo sopló y no pudo tumbarla. El lobo
se dio por vencido y huyó. Los tres
cerditos fueron felices para siempre.

Comparar el texto

Leamos
juntos

DE TEXTO A TEXTO

Comparar lobos En ambos cuentos hay un lobo. Di las semejanzas y las diferencias entre los lobos. Usa evidencia del texto para completar una tabla.

EL TEXTO Y TÚ

Escribir para explicar Piensa en la lección que aprendió Gabo. Escribe sobre un error que hayas cometido. Di qué aprendiste.

EL TEXTO Y EL MUNDO

Contar de nuevo un cuento Muchos cuentos usan la frase **había una vez.** Cuéntale de nuevo **Gabo y el lobo** a un compañero. Empieza con **había una vez**.

**Aprende
en línea**

ESTÁNDARES COMUNES **RL.1.2** retell stories and demonstrate understanding of the message or lesson; **RL.1.7** use illustrations and details to describe characters, setting, or events; **RL.1.9** compare and contrast adventures and experiences of characters; **L.1.6** use words and phrases acquired through conversations, reading and being read to, and responding to texts

RF.1.1a recognize the features of a sentence; **SL.1.6** produce complete sentences when appropriate to task and situation; **L.1.1j** produce and expand simple and compound declarative, interrogative, imperative, and exclamatory sentences

Gramática

Oraciones completas Una **oración** es un grupo de palabras que dice una idea completa. Tiene dos partes. La parte que indica qué o quién hace algo se llama **sujeto**. La parte que dice lo que hace esa persona o cosa se llama **predicado**.

Sujeto	Predicado
Jan	se sienta en la colina.
Algunas ovejas	comen.
Una oveja	se escapó.

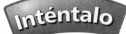

Identifica tres grupos de palabras que sean oraciones. Escríbelas en una hoja aparte. Trabaja con un compañero. Túrnense para leer el sujeto y el predicado de cada oración. Después agrega palabras para hacer oraciones con los otros grupos de palabras.

1. Jack vigila sus ovejas.

2. Su perro lo ayuda.

3. las ovejas a salvo

4. Un lobo asusta a las ovejas.

5. la oveja en la colina

✏️ La gramática al escribir

Cuando revises tu escrito, asegúrate de que tus oraciones digan una idea completa.

W.1.2 write informative/explanatory texts; **L.1.1f** use frequently occurring adjectives; **L.1.1j** produce and expand simple and compound declarative, interrogative, imperative, and exclamatory sentences; **L.1.2d** use conventional spelling for words with common spelling patterns and for frequently occurring irregular words

Escritura informativa

✓ **Ideas**   Al escribir oraciones que describen, usa palabras que digan cómo se ven, suenan, huelen, saben y se sienten las cosas.

Ken escribió sobre un parque. Agregó la palabra **liso** para describir al tobogán.

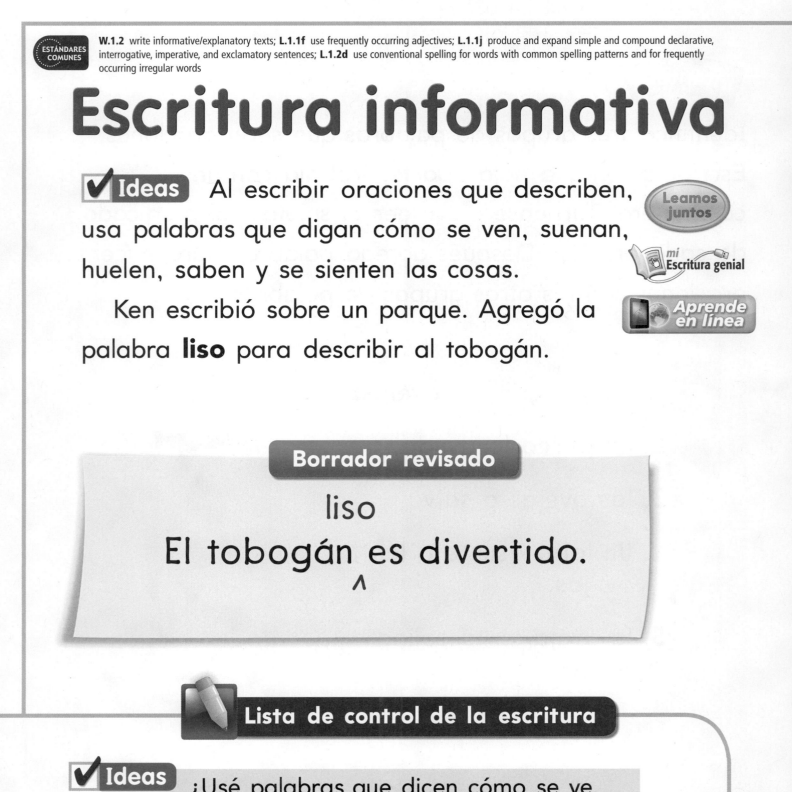

Borrador revisado

liso
El tobogán es divertido.
^

Lista de control de la escritura

✓ **Ideas**   ¿Usé palabras que dicen cómo se ve, suena, huele, sabe y se siente mi tema?

✓ ¿He escrito mis palabras correctamente?

✓ ¿Escribí oraciones completas?

40

En la copia final de Ken, encuentra las palabras que dicen cómo se ven, suenan, huelen y se sienten las cosas en el parque. Revisa lo que escribiste usando la lista de control de la escritura.

Versión final

El parque

El parque tiene hierba verde.

Las florecillas rojas huelen muy bien.

El parque tiene una zona de juegos.

El tobogán liso es divertido.

El columpio plateado rechina.

Cómo se
comunican
los animales
por William Muñoz

Mensajes
entre insectos

✓ **PALABRAS QUE QUIERO SABER**
Palabras de uso frecuente

aquí

hace

cómo

estoy

mal

animal

Librito de
vocabulario

Tarjetas de
contexto

RF.1.3g recognize and read irregularly spelled words

ESTÁNDARES
COMUNES

Aprende
en línea

Palabras que quiero saber

▶ Lee cada **Tarjeta de contexto**.

▶ Haz una pregunta en
la que uses una de las
palabras en azul.

1 **aquí**

Aquí traigo estas bonitas
flores.

2 **hace**

¿Cómo **hace** el gato
para ver de noche?

3 cómo

¡Cómo suenan estos platillos!

4 estoy

Estoy parado frente a muchas vacas.

5 mal

Esta fruta me sabe mal.

6 animal

Este animal tiene el pelaje muy suave.

Cómo se comunican los animales
por William Muñoz

Leer y comprender

☑ DESTREZA CLAVE

Idea principal y detalles Las lecturas de no ficción son, generalmente, sobre un **tema.** Dan una **idea principal** o una idea importante sobre el tema. Los **detalles** son datos que dicen más acerca de la idea principal. Los detalles pueden darte una idea más clara sobre el tema. Puedes enumerar la idea principal y los detalles sobre un tema con una red como esta.

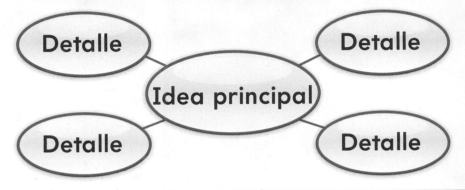

☑ ESTRATEGIA CLAVE

Inferir/Predecir Usa evidencia del texto para descubrir ideas y qué puede pasar.

La comunicación entre los animales

Los animales pueden mandar mensajes.

Los animales pueden entender mensajes.

Algunos mueven el cuerpo.

Muchos emiten sonidos especiales.

¿Por qué crees que los pájaros cantan?

¿Por qué los perros mueven el rabo?

Lo aprenderás todo sobre los mensajes de los animales en **Cómo se comunican los animales.**

TEXTO PRINCIPAL

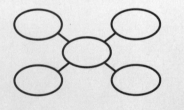

Cómo se
comunican
los animales
por William Muñoz

✓ **DESTREZA CLAVE**

Idea principal y detalles
Di cuál es la idea principal
y los detalles de un tema.

✓ **GÉNERO**

El **texto informativo**
da datos sobre un tema.
Mientras lees, busca:
▸ información y datos en
  las palabras,
▸ fotografías que muestren
  el mundo real.

Aprende
en línea

Conoce al autor y fotógrafo

William Muñoz

William Muñoz y su cámara han
viajado por todo Estados Unidos,
desde las montañas hasta las
praderas. Ha tomado fotos de
caimanes, águilas blancas,
bisontes, osos polares y
muchos otros animales
en su hábitat natural.

Cómo se comunican los animales

texto y fotografías de William Muñoz

PREGUNTA ESENCIAL

¿Cómo se comunican los animales?

El tacto

Este oso abraza y toca.

Este elefante mima a su cachorro. ¿Cómo lo hace?

El perro es amigo del gato.
¿Cómo lo sabes?

Este animal es peligroso.
Otro animal lo escucha.
Huye del peligro.

Un pájaro canta por la mañana.

—¡Aquí estoy!

Un lobo llama a los otros.

—¡Aquí estoy!

La vista

¿Por qué se agacha el perro?
Otros ven que quiere jugar.

Una abejita avisa a las otras.
La comida está muy jugosa.

El olfato

La mamá jirafa conoce el olor del pelaje de su hijita.

Un animal tiene mal olor.
Los otros animales se van.

El tacto

El oído

La vista

El olfato

¿Qué hace esta mamá?

TEXTO INFORMATIVO

Leamos juntos

Mensajes entre insectos

✓ **GÉNERO**

Un **texto informativo** da datos sobre un tema. Este es un artículo de una enciclopedia. ¿Qué datos aprendes de él?

✓ **ENFOQUE EN EL TEXTO**

Las **etiquetas** son palabras que dan más información acerca de una fotografía o ilustración. Nombran las partes de la ilustración o la ilustración entera. Busca las etiquetas de esta lección. ¿Qué información te dan?

ESTÁNDARES COMUNES **RI.1.5** know and use text features to locate facts or information; **RI.1.10** read informational texts

Mensajes entre insectos

Un insecto es un animal que tiene seis patas. El cuerpo de un insecto tiene tres partes. Casi todos los insectos tienen alas para volar.

mariposa

  Aprende en línea

Aquí estoy aprendiendo que los insectos mandan mensajes. Algunos insectos, como los mosquitos, se encuentran por el sonido de sus alas. Las abejas pueden avisar a otras abejas de lugares donde hay comida. Todos los insectos tienen su manera de enviar mensajes.

abeja

mosquito

¿Cómo hace un insecto para mandar mensajes? Las hormigas se tocan. Los grillos hacen sonidos con las patas delanteras. Las luciérnagas prenden una luz.

Los insectos no te hacen mal. La próxima vez que veas uno, mira y escucha. Quizás está enviando un mensaje.

Comparar el texto

DE TEXTO A TEXTO

Hacer una tabla Haz una tabla para indicar lo que aprendiste sobre los insectos de cada lectura. Di en qué se parecen y se diferencian estas lecturas.

EL TEXTO Y TÚ

Dibujar y rotular Elige un animal que te guste de las lecturas para dibujarlo y rotularlo. Descríbelo a un compañero.

EL TEXTO Y EL MUNDO

Comentar ¿Cómo se comunican los insectos y otros animales? Usa evidencia del texto para explicarlo. ¿Por qué se comunican los animales y las personas?

Aprende en línea

ESTÁNDARES COMUNES **RI.1.3** describe the connection between individuals, events, ideas, or information in a text; **RI.1.9** identify similarities in and differences between texts on the same topic; **SL.1.4** describe people, places, things, and events with details/express ideas and feelings clearly

Gramática

Las comas en una enumeración Las comas normalmente se utilizan para separar los elementos de una lista en una oración. Una oración con una lista de tres elementos llevará una coma después del primer elemento. Después del segundo elemento se debe usar la palabra **y**.

Nuestros gatos juegan, corren **y** saltan.

Él vio osos, elefantes **y** abejas.

Me gustan los perros, los pájaros **y** los caballos.

Lee las palabras subrayadas. Escribe cada oración en una hoja aparte con las palabras subrayadas. Usa una coma y la palabra **y** donde corresponda. Lee tus oraciones con un compañero.

1. A los gatos les gusta <u>correr comer jugar</u>.

2. Yo tengo <u>pájaros ratones tortugas</u>.

3. Los caballos comen <u>manzanas zanahorias heno</u>.

4. Los osos pueden <u>nadar abrazar pescar</u>.

5. Las abejas <u>zumbarán bailarán volarán</u>.

La gramática al escribir

Cuando revises tu escrito, asegúrate de que utilizas una coma y la palabra **y** para separar tres elementos de una lista en una oración.

ESTÁNDARES COMUNES **W.1.2** write informative/explanatory texts; **L.1.1f** use frequently occurring adjectives; **L.1.1j** produce and expand simple and compound declarative, interrogative, imperative, and exclamatory sentences

Escritura informativa

✓ **Elección de palabras** Un poema puede describir una cosa y dar información sobre cómo es. También puede tener palabras que rimen.

Leamos juntos

mi Escritura genial

Aprende en línea

Nori escribió un poema sobre elefantes. Después le agregó detalles para dar una imagen más clara a los lectores.

Borrador revisado

La trompa del elefante
gris, larga y
es∧ruidosa,

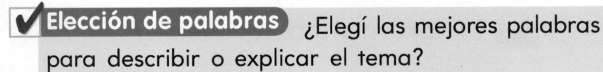

Lista de control de la escritura

✓ **Elección de palabras** ¿Elegí las mejores palabras para describir o explicar el tema?

✓ ¿Usé palabras que riman?

✓ ¿Puedo aplaudir al ritmo de mi poema?

Busca detalles que describan apariencia, movimiento y sonido en el poema de Nori. Después revisa lo que escribiste usando la lista de control de la escritura.

Versión final

Elefantes

La trompa del elefante
es gris, larga y ruidosa.

Con ella bebe, se alimenta
y moja todo lo que encuentra.

Leamos juntos

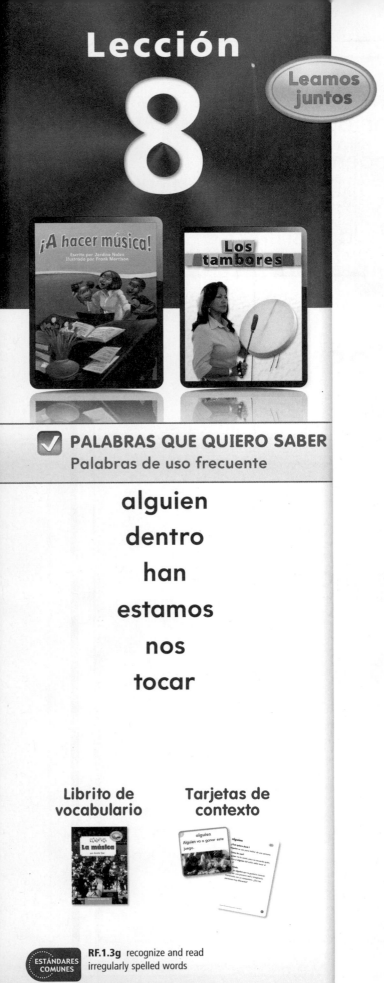

¡A hacer música!
Escrito por Jerdine Nolen
Ilustrado por Frank Morrison

Los tambores

☑ **PALABRAS QUE QUIERO SABER**
Palabras de uso frecuente

alguien

dentro

han

estamos

nos

tocar

Librito de vocabulario

La música

Tarjetas de contexto

alguien
Alguien va a ganar este juego.

RF.1.3g recognize and read irregularly spelled words

ESTÁNDARES COMUNES

Aprende en línea

Palabras que quiero saber

▶ Lee cada **Tarjeta de contexto.**

▶ Usa una palabra en azul para contar algo de una de las fotografías.

1 **alguien**

Alguien va a ganar este juego.

2 **dentro**

Tocamos dentro del salón de música.

3 han

Las hermanas se han puesto a dibujar.

4 estamos

¡Qué rico estamos comiendo!

5 nos

Nos trajeron una bolsa con comida.

6 tocar

Mis amigos están arriba y no los puedo tocar.

Leer y comprender

Leamos juntos

Aprende en línea

✓ **DESTREZA CLAVE**

Secuencia de sucesos Los sucesos de un cuento se cuentan en un orden que tenga sentido. La **secuencia de sucesos** es lo que pasa **primero, a continuación** y **por último**. Utiliza una tabla como esta para señalar el orden de los sucesos.

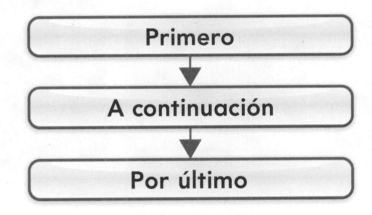

Primero

↓

A continuación

↓

Por último

✓ **ESTRATEGIA CLAVE**

Analizar/Evaluar Di lo que piensas y cómo te sientes acerca del cuento. Usa evidencia del texto para explicar por qué.

ESTÁNDARES COMUNES **RL.1.3** describe characters, settings, and major events

La música

Hay muchas formas de hacer música.

Podemos tocar instrumentos.

Podemos cantar canciones.

Podemos batir palmas al ritmo.

¿Tocaste alguna vez el tambor?

¿Soplaste alguna vez un cuerno?

A continuación verás cómo los niños

hacen música en **¡A hacer música!**

TEXTO PRINCIPAL

☑ DESTREZA CLAVE

Secuencia de sucesos

Di el orden en que ocurren las cosas.

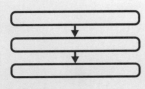

☑ GÉNERO

La **ficción realista** es un cuento que podría ocurrir en la vida real. Mientras lees, busca:

▶ personajes que hacen las mismas cosas que las personas reales,

▶ sucesos que podrían ocurrir en la vida real.

ESTÁNDARES COMUNES **RL.1.3** describe characters, settings, and major events; **RL.1.10** read prose and poetry

 Aprende en línea

Conoce a la autora

Jerdine Nolen

Algunos niños coleccionan tarjetas de béisbol. Otros coleccionan caracoles. Cuando Jerdine Nolen era una niña, coleccionaba palabras. Durante mucho tiempo su palabra favorita fue **pepino**. Dos de los libros que ha escrito son **Plantzilla** y **Raising Dragons** (Criar dragones).

Conoce al ilustrador

Frank Morrison

La música y el baile siempre han sido parte de la vida de Frank Morrison. En una ocasión estuvo de gira por todo el país como bailarín. Sus dibujos están tan llenos de vida que ¡parece que bailan!

¡A hacer música!

escrito por Jerdine Nolen

ilustrado por Frank Morrison

PREGUNTA ESENCIAL

¿Por qué la música forma parte de tu vida diaria?

En enero, papá y mamá se van a Aruba.

Ahora llega la tía Marina.
Llamó a la puerta porque no
lleva llave.

La tía nos da un beso.
Pepillo y yo estamos muy
contentos.

Saltamos y cantamos.

¡Allí llama alguien!
Han llegado Sara y Pere.

La tía Marina tiene un saco.
Es un saco muy bello.
Pero, ¿qué se verá dentro?

—¿Quién quiere tocar música?
—dijo la tía Marina.

—¡Yo, yo! —gritamos.

Sara y yo hacemos guitarras.

Pere y Pepillo hacen tambores.

Pepillo, Sara, Pere y yo
hacemos un coro.

¡Qué divertido es hacer
música con la tía Marina!

Ahora analiza

Leamos juntos

Cómo analizar el texto

Usa estas páginas para aprender acerca de la secuencia de sucesos y el narrador. Después vuelve a leer **¡A hacer música!**

Secuencia de sucesos

¡A hacer música! habla de lo que pasa cuando la tía Marina viene de visita. Piensa sobre los sucesos importantes de este cuento. ¿Qué ocurre **primero, a continuación** y **por último**? Este orden se denomina **secuencia de sucesos**. Usa una tabla como esta para indicar el orden de los sucesos del cuento.

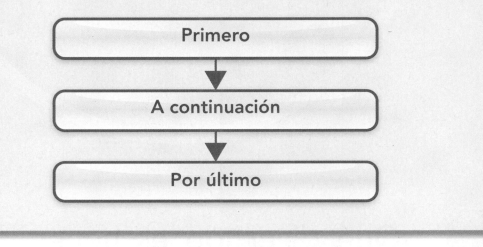

Primero

↓

A continuación

↓

Por último

RL.1.3 describe characters, settings, and major events; **RL.1.6** identify who is telling the story; **RL.1.7** use illustrations and details to describe characters, setting, or events

Aprende en línea

El narrador

A veces un personaje cuenta el cuento. Este personaje es el **narrador.** El narrador puede usar palabras como **yo**, **mí** y **mi**.

¿Qué personaje cuenta el principio del cuento **¡A hacer música!**? ¿Cómo lo sabes? Busca evidencia en las palabras y las ilustraciones.

¿Quién cuenta el cuento en las páginas 86-87? ¿Quién cuenta el resto del cuento?

 **Leamos juntos**

Es tu turno

 *mi* **Escritura genial**

 **Turnarse y comentar**

¿Por qué la música forma parte de tu vida diaria? ¿Cómo se sienten los personajes del cuento acerca de la música? Cuenta la historia a un compañero como lo haría la tía Marina. Usa las ilustraciones como ayuda para saber lo que ocurre primero, a continuación y por último.

Comentar en la clase

Ahora conversa sobre estas preguntas con tu clase.

1 ¿Qué ocurre al principio?

2 ¿Qué hacen los niños cuando llega la tía Marina?

3 ¿Cuáles de las cosas que hacen los niños te gusta hacer a ti? ¿Por qué te gustan?

Respuesta ¿Por qué crees que a los niños les gusta la tía Marina? Escribe oraciones para expresar tu opinión. Explica por qué. Usa evidencia del texto, como palabras y detalles, que digan cómo es la tía Marina.

Sugerencia para la escritura

Agrega adjetivos que te ayuden a describir a la tía Marina.

Aprende en línea

ESTÁNDARES COMUNES **RL.1.2** retell stories and demonstrate understanding of the message or lesson; **RL.1.7** use illustrations and details to describe characters, setting, or events; **W.1.1** write opinion pieces; **L.1.1f** use frequently occurring adjectives

Leamos juntos

Un **texto informativo** da datos sobre un tema. Puede ser de un libro de texto, un artículo o un sitio web. A veces los textos informativos dicen cómo se hace algo. ¿Qué te enseña a hacer este artículo?

Un **diagrama** es un dibujo que muestra cómo funciona algo. Busca el diagrama de un tambor.

ESTÁNDARES COMUNES **RI.1.5** know and use text features to locate facts or information; **RI.1.10** read informational texts

98

Aprende en línea

Los tambores

por Tim Pano

En todo el mundo y en todas las culturas, se han tocado tambores. Yolanda Martínez toca y hace tambores. Ella nos vende los tambores que hace.

Todos los tambores tienen una caja. También tienen una membrana de cuero. Para tocar el tambor se usa una baqueta.

Partes de un tambor

membrana

caja

baqueta

Haz un tambor

¿Le gustaría a alguien tocar un tambor?
¡Inténtalo dentro de tu casa!

1 Consigue una lata de café vacía
o un envase de avena.

2 Pégale papel alrededor.

3 Ahora pega un papel grueso de color
marrón en la parte de arriba. ¡A tocar!

¡Estamos muy
contentos con
el tambor!

Comparar el texto

DE TEXTO A TEXTO

Hacer música ¿Cómo comparten las personas de los cuentos lo que les gusta hacer? ¿Cómo hacen música? ¿Cómo hacen los instrumentos? Comparte los detalles.

EL TEXTO Y TÚ

Hablar de la música Di si te gusta hacer música. Habla por turno y escucha las ideas de los demás.

EL TEXTO Y EL MUNDO

Comunicación Piensa en algo que hayas aprendido de la lectura de **Los tambores** y **Mensajes entre insectos**. ¿Se pueden utilizar los tambores para comunicarse? Explica por qué sí o por qué no.

 Aprende en línea

ESTÁNDARES COMUNES · **RL.1.9** compare and contrast adventures and experiences of characters; **RI.1.9** identify similarities in and differences between texts on the same topic; **SL.1.1a** follow rules for discussions

ESTÁNDARES COMUNES

RF.1.1a recognize the features of a sentence; **L.1.1j** produce and expand simple and compound declarative, interrogative, imperative, and exclamatory sentences

Gramática

 Leamos juntos

 Aprende en línea

Enunciados Una oración que afirma algo se llama **enunciado**. Un enunciado empieza con letra mayúscula y termina con un punto.

Los niños tienen clase de música.

Ellos tocan para la clase.

Una niña toca un tambor.

Identifica los tres enunciados. Escríbelos correctamente en una hoja aparte.

1. mis amigos tocan en una banda

2. sentado en su batería

3. ella puntea la guitarra

4. la mejor cantante

5. ellos se divierten mucho

La gramática al escribir

Cuando revises tu escrito, asegúrate de que los enunciados empiecen con letra mayúscula y terminen con un punto.

ESTÁNDARES COMUNES

Escritura informativa

☑ **Elección de palabras** Cuando escribas una **nota de agradecimiento,** indica por qué das las gracias. Usa adjetivos exactos para que tus ideas sean claras.

Leamos juntos

mi **Escritura genial**

Aprende en línea

Beth escribió una nota. Luego reemplazó **bonito** con adjetivos más exactos.

Borrador revisado

Gracias por el sombrero nuevo. Es _{suave y abrigoso} ~~bonito~~

Lista de control de la escritura

☑ **Elección de palabras** ¿Usé los adjetivos exactos?

☑ ¿Tiene mi nota de agradecimiento las cinco partes?

☑ ¿Usé correctamente las mayúsculas y los puntos?

Busca los adjetivos en la versión final de Beth. Después revisa lo que escribiste usando la lista de control de la escritura.

Versión final

1 de noviembre de 2014

Querida tía Jess:

Gracias por el sombrero nuevo. Es suave y abrigoso. Tiene las mismas rayas moradas que mis guantes.

Con cariño,

Beth

El Dr. Seuss
por Helen Lester

Dos poemas
graciosos

✓ **PALABRAS QUE QUIERO SABER**
Palabras de uso frecuente

hizo
libro
leer
desde
divertido
llamaban

Librito de vocabulario

Leer juntos

Tarjetas de contexto

RF.1.3g recognize and read irregularly spelled words

ESTÁNDARES COMUNES

Aprende en línea

Palabras que quiero saber

▶ Lee cada Tarjeta de contexto.

▶ Usa una palabra en azul para contar algo que hiciste.

1   hizo

Kevin hizo la tarea con mucho cuidado.

2   libro

Papá nos lee un libro.

3 leer

Al leer aprendes muchas cosas.

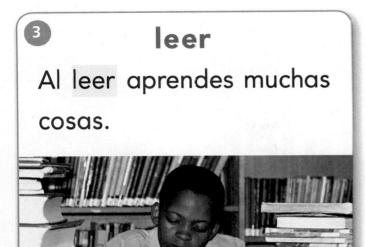

4 desde

Las niñas dibujan desde muy pequeñas.

5 divertido

¡Qué libro tan divertido!

6 llamaban

Antes de dormir, los niños llamaban a su mamá para leer.

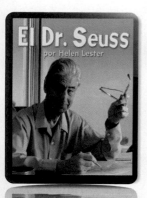

El Dr. Seuss
por Helen Lester

Leer y comprender

Leamos juntos

Aprende en línea

✅ **DESTREZA CLAVE**

Características del texto y de los elementos gráficos Algunas lecturas de no ficción usan características especiales del texto y de los elementos gráficos para dar más información. Estas pueden ser **títulos, etiquetas, pies de foto, fotografías, gráficas,** o **ilustraciones.** Mientras lees, usa las características especiales que te ayuden a aprender más sobre el tema. Puedes usar una tabla para enumerar las características y lo que aprendes.

Característica	Propósito

✅ **ESTRATEGIA CLAVE**

Pregunta Haz preguntas sobre lo que lees. Busca evidencia del texto para responder.

ESTÁNDARES COMUNES

RI.1.1 ask and answer questions about key details; **RI.1.5** know and use text features to locate facts or information; **RI.1.6** distinguish between information provided by pictures and words; **RI.1.7** use illustrations and details to describe key ideas

La escritura

¿Por qué las personas escriben libros? Las personas escriben para mostrar sus sentimientos. También escriben para dar información y para hacer reír a los demás. Los escritores pueden escribir cuentos, poemas y obras de teatro. ¿Qué te gusta escribir? Ahora vas a conocer a un escritor famoso en **El Dr. Seuss.**

TEXTO PRINCIPAL

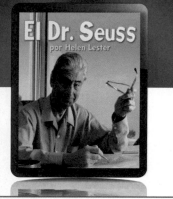

☑ DESTREZA CLAVE

Características del texto y de los elementos gráficos Di qué información dan las palabras, fotografías e ilustraciones.

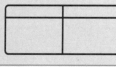

☑ GÉNERO

Una **biografía** narra los sucesos de la vida de una persona real. Busca:
► hechos por los que esta persona es importante,
► fotografías de esta persona.

ESTÁNDARES COMUNES **RI.1.2** identify the main topic and retell key details; **RI.1.6** distinguish between information provided by pictures and words; **RI.1.7** use illustrations and details to describe key ideas; **RI.1.10** read informational texts

Conoce a la autora

Helen Lester

Helen Lester ha escrito muchos libros que te hacen reír, al igual que *El Dr. Seuss*. Ella dice que los personajes divertidos que ha creado, como Tosco el pingüino, son muy parecidos a los estudiantes que tenía cuando era maestra de segundo grado.

El Dr. Seuss

**escrito por
Helen Lester**

PREGUNTA ESENCIAL

¿Qué hace que un cuento o poema sea divertido?

Este es el Dr. Seuss. ¡Puedes llamarlo Ted! Sus padres lo llamaban así.

Desde chico, Ted era muy divertido.

Ted dibujaba muy bien.

Aquí hace el boceto de un rayo.

Sus dibujos parecen mágicos.

También escribía muy bien.
Escribió un libro sobre un gato
y un sombrero gigante.

¡Mira qué sombrero más genial!

En esta foto de Ted, ¿ves al gato y su sombrero gigante?

Ted creó muchos personajes geniales.

feliz

demasiado

gallo

nariz

callo

mojado

Ted hizo muchas rimas.

¿Alguien ve alguna rima aquí?

Se reunía con los niños para leer su libro.

Hay un parque con el
Dr. Seuss y sus personajes.

Jardín Nacional de Esculturas
Dr. Seuss

¡Un libro divertido nos ayuda a aprender!

Ahora analiza

Leamos juntos

Cómo analizar el texto

Usa estas páginas para aprender acerca de las características del texto y de los elementos gráficos, y acerca de las biografías. Después vuelve a leer **El Dr. Seuss**.

Características del texto y de los elementos gráficos

El cuento **El Dr. Seuss** tiene características especiales que agregan información. Las **fotografías** les agregan información a las palabras. ¿Qué aprendes del Dr. Seuss a partir de las fotografías? ¿Por qué hay algunas palabras en negrita? ¿Qué aprendes del gato y su sombrero gigante a partir de las palabras, las fotografías y las ilustraciones? Usa una tabla para hacer una lista de las características y la información que dan.

Característica	Propósito

RI.1.2 identify the main topic and retell key details; **RI.1.6** distinguish between information provided by pictures and words; **RI.1.7** use illustrations and details to describe key ideas

Aprende en línea

126

Género: Biografía

El Dr. Seuss es una **biografía**. Cuenta información real acerca de la vida del Dr. Seuss. Observa las fotografías. En ellas sale el propio Dr. Seuss. ¿Qué está haciendo?

Repasa la lectura para buscar evidencias del texto. Además de escribir, ¿qué otras cosas le gustaban al Dr. Seuss? ¿Qué otros hechos sabes acerca del Dr. Seuss que podrían incluirse en una biografía?

Es tu turno

 mi Escritura genial

REPASAR LA PREGUNTA ESENCIAL

 Turnarse y comentar

¿Qué hace que un cuento o poema sea divertido? Hazle preguntas a tu compañero acerca de los dibujos que hizo el Dr. Seuss. ¿Por qué hacen que sus cuentos sean divertidos? Busca evidencia del texto para responder.

Comentar en la clase

Ahora conversa acerca de estas preguntas con tu clase.

1 ¿Sobre qué escribió y dibujó el Dr. Seuss?

2 ¿Por qué el Dr. Seuss fue una persona importante?

3 La lectura dice que el Dr. Seuss era divertido. ¿Qué ilustraciones y palabras lo demuestran?

ESCRIBE SOBRE LO QUE LEÍSTE

Respuesta Piensa en lo que aprendiste de la lectura. ¿Qué más quieres saber? Escribe tus propias preguntas acerca del Dr. Seuss.

Sugerencia para la escritura

Comienza las preguntas con signo de interrogación y letra mayúscula. No olvides poner el signo de interrogación también al final.

ESTÁNDARES COMUNES · **RI.1.1** ask and answer questions about key details; **RI.1.7** use illustrations and details to describe key ideas; **RI.1.8** identify the reasons an author gives to support points; **SL.1.2** ask and answer questions about details in a text read aloud, information presented orally, or through other media; **L.1.1j** produce and expand simple and compound declarative, interrogative, imperative, and exclamatory sentences

POESÍA

Leamos juntos

Dos poemas graciosos

☑ GÉNERO

La **poesía** usa las palabras de formas interesantes para crear sentimientos y describir cosas.

☑ ENFOQUE EN EL TEXTO

La **aliteración** es un patrón de palabras que empiezan con el mismo sonido. Busca palabras en los poemas que comiencen con el mismo sonido. ¿Por qué hacen que los poemas se oigan y digan de manera divertida?

ESTÁNDARES COMUNES
RL.1.10 read prose and poetry; **L.1.6** use words and phrases acquired through conversations, reading and being read to, and responding to texts

  Aprende en línea

Dos poemas graciosos

Los poetas escriben poemas. Algunos escriben poemas que suenan divertidos al leerse en voz alta. Las ilustraciones que acompañan a los poemas también suelen ser divertidas.

Aparte de divertidas, muchas veces esas ilustraciones ayudan a comprender mejor los poemas. Después de leer estos dos poemas graciosos, quizá estés de acuerdo en que algunos poetas ¡hacen que la poesía sea muy divertida!

Polo y sus pollos

Con su pico cava mucho Polo.

Con sus picos cavan más sus pollos.

Con su pala apila el polvo Polo.

Con sus patas apilan más sus pollos.

Pero los pollos se cansan poco a poco.

Mientras Polo no para de cavar el pozo.

¡Por fin agua!, les dice a sus pollos Polo.

¡Pío, pío!, paran gozosos sus picos los pollos.

Muuu

Una vaca va cansada, *muuuy* cansada,
va camino a la cañada.
Otra vaca va cansada, *muuuy* cansada,
lleva la boca *muuuy* aguada.

Una y otra vaca van cantando *muuu* ahora,
ya llegan a los dulces pastos que adoran.
Salen *muuuy* saciadas de la cañada,
ya piensan regresar en la madrugada.

Escribe sobre compartir

Piensa en las maneras en que puedes
compartir. Luego escribe un poema sobre
compartir. Usa pares de palabras que
empiecen con el mismo sonido.

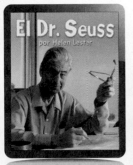

Comparar el texto

Leamos juntos

DE TEXTO A TEXTO

Expresar opiniones Mira las ilustraciones de las dos lecturas. ¿En qué se parecen y en qué se diferencian? ¿Cuáles te gustan más?

EL TEXTO Y TÚ

gato pato sato

Conectar con las Artes del Lenguaje Escribe un poema divertido acerca de tu animal preferido. Usa palabras que rimen y otras que empiecen con el mismo sonido. Marca el ritmo con aplausos.

EL TEXTO Y EL MUNDO

Palabras descriptivas Busca palabras en los poemas que expresen cómo son las cosas del mundo real. ¿Qué palabras o frases indican cómo se ve o cómo suena una cosa?

Aprende en línea

ESTÁNDARES COMUNES **RL.1.4** identify words and phrases that suggest feelings or appeal to senses; **RI.1.9** identify similarities in and differences between texts on the same topic

133

Gramática

Sustantivos en singular y en plural

Algunos sustantivos nombran **una** persona, lugar, animal o cosa. Otros sustantivos nombran **más de una** persona, lugar, animal o cosa. Cuando los sustantivos nombran más de uno, terminan en **–s** o **–es**.

Uno	Más de uno
sombrero	sombreros
niño	niños

Uno	Más de uno
señor	señores
mujer	mujeres

Elige el sustantivo que describe correctamente cada ilustración. Después túrnate con un compañero. Di por qué elegiste un sustantivo que nombra uno o más de uno. Haz una oración con esa palabra.

1.   libro   libros

2.   postal   postales

3.   señor   señores

4.   gato   gatos

5.   niño   niños

La gramática al escribir

Escribe en una hoja de papel una oración con el sustantivo correcto para cada ilustración.

ESTÁNDARES COMUNES — **W.1.2** write informative/explanatory texts; **W.1.5** focus on a topic, respond to questions/suggestions from peers, and add details to strengthen writing; **SL.1.1c** ask questions to clear up confusion about topics and texts under discussion; **L.1.1f** use frequently occurring adjectives

Taller de lectoescritura: **Preparación para la escritura**

Escritura informativa

✓ **Ideas** Antes de escribir, planea los detalles de tu **descripción**. Un amigo puede ayudarte haciéndote preguntas. Josh le preguntó a Evan sobre el gato y su sombrero gigante.

Leamos juntos

mi **Escritura genial**

Aprende en línea

¿El gato tiene rabo? ¿Cómo son sus patas?

Explorar un tema

Lista de control de preparación para la escritura

✓ ¿Escogí un tema que conozco bien?

✓ ¿Dan mis detalles información acerca de cómo luce el personaje?

✓ ¿Escribí adjetivos para describir mi tema?

136

Busca detalles en la red de Evan. Planea tu propia descripción usando la lista de control de preparación para la escritura.

Red de planificación

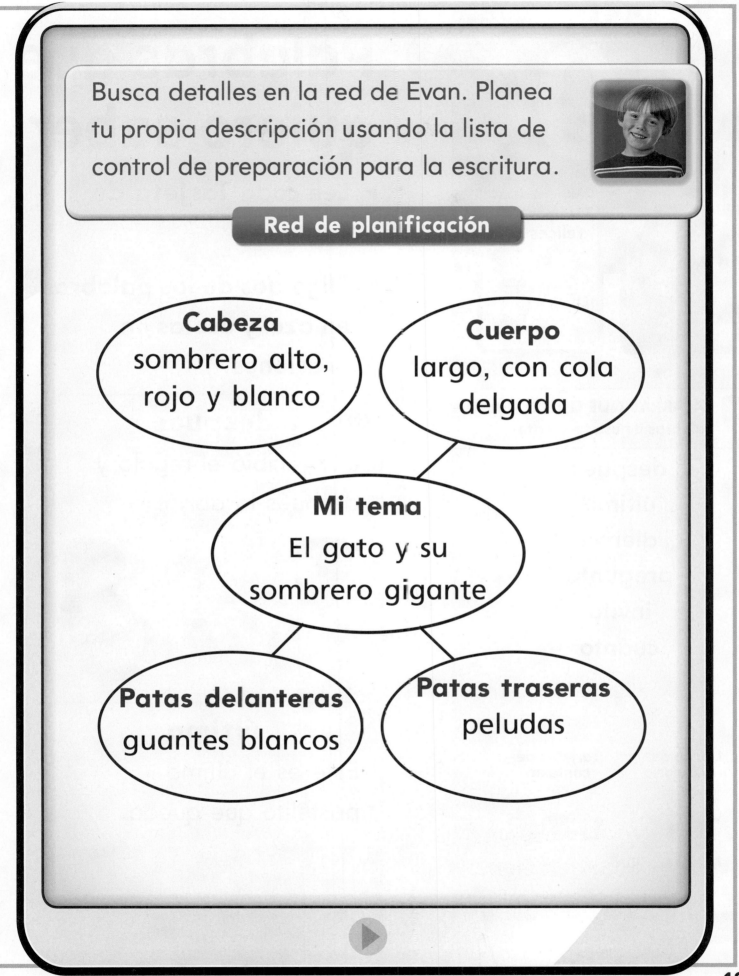

Cabeza
sombrero alto, rojo y blanco

Cuerpo
largo, con cola delgada

Mi tema
El gato y su sombrero gigante

Patas delanteras
guantes blancos

Patas traseras
peludas

Quique da una fiesta
escrito e ilustrado por
David McPhail

Tiempos felices

☑ **PALABRAS QUE QUIERO SABER**
Palabras de uso frecuente

después
último
dieron
preguntó
invitó
cuánto

Librito de vocabulario

Feliz cumpleaños

Tarjetas de contexto

RF.1.3g recognize and read irregularly spelled words

ESTÁNDARES
COMUNES

Aprende en línea

Palabras que quiero saber

▶ Lee cada **Tarjeta de contexto**.

▶ Elige dos de las palabras en azul y úsalas en oraciones.

1 **después**

Ella recibió el regalo y después lo abrió.

2 **último**

Este es el último pastelito que queda.

3 dieron

Me dieron unas cajas con regalos.

4 preguntó

Mi amiga preguntó por su gorro de fiesta.

5 invitó

Ella invitó a sus amigos a comer pizza.

6 cuánto

¡Cuánto se divierten las niñas con los globos!

Leer y comprender

Leamos juntos

Aprende en línea

✓ **DESTREZA CLAVE**

Estructura del cuento Un cuento tiene diferentes partes. Los **personajes** son las personas y los animales del cuento. El **entorno** es dónde y cuándo sucede el cuento. Los sucesos componen la **trama**. La trama habla acerca de un problema y de qué manera lo resuelven los personajes. Puedes usar un mapa del cuento para escribir evidencia del texto sobre los personajes, el entorno y la trama.

Personajes	Entorno
Trama	

✓ **ESTRATEGIA CLAVE**

Visualizar Para entender un cuento, debes imaginarte lo que sucede mientras lees.

ESTÁNDARES COMUNES **RL.1.3** describe characters, settings, and major events; **RL.1.7** use illustrations and details to describe characters, setting, or events

Los sentimientos

A veces te sientes feliz.

Otras veces te puedes sentir triste.

Tenemos muchos sentimientos diferentes.

Si estás molesto, puedes hablar con un adulto.

Puedes hablar con un amigo.

¿Cómo puedes demostrar que estás contento?

Vas a leer sobre unos amigos y sus sentimientos en **Quique da una fiesta**.

TEXTO PRINCIPAL

☑ DESTREZA CLAVE

Estructura del cuento
Identifica el entorno, los personajes y los sucesos de un cuento.

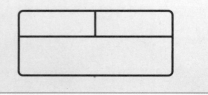

☑ GÉNERO

Una **fantasía** es un cuento que no podría suceder en la vida real. Mientras lees, busca:

▶ animales que hablan y actúan como personas,

▶ sucesos que no podrían ocurrir en la vida real.

ESTÁNDARES COMUNES **RL.1.3** describe characters, settings, and major events; **RL.1.7** use illustrations and details to describe characters, setting, or events; **RL.1.10** read prose and poetry

Conoce al autor e ilustrador

David McPhail

Cuando David McPhail era niño, quería ser jugador de béisbol, pero no era bueno para los deportes. Luego David quiso tocar la guitarra en un grupo. Por último fue a la escuela de arte y descubrió que era muy bueno para dibujar y escribir cuentos.

Quique da una fiesta

Escrito e ilustrado por David McPhail

PREGUNTA ESENCIAL

¿Cómo puedes demostrarle a un amigo que te importa?

143

—¡Qué día tan bonito! —dijo
Quique—. Daré una fiesta.

Quique invitó a sus amigos.

Se lo dijo al gato, Guille.

—Sí, sí que iré —dijo el gato—.

¡Será una maravilla!

Después se lo dijo a Guido, el perro.

Guido dijo que sí.

—Una fiesta me va a mí.

Habló con Cuqui y Jonás.

—Sí querido, allí nos verás

—dijeron al compás.

Por último, le preguntó a Roque.

—Te aseguro que iré —le dijo.

Quique hizo pastelitos
para sus amigos.

Con una manga de pastelero
puso una cara en cada pastel.
¡Qué orgulloso estaba!

¡Cuánto se divirtió haciendo los pasteles!

—A cada uno le toca un pastel,
con su cara dibujada en él —dijo
Quique.

Sus amigos le dieron a
Quique una bellota.

¡Tenía un moño rojo!

—¡Qué rica está! —dijo Quique—.
¡Qué fiesta tan divertida!

Ahora analiza

Leamos juntos

Cómo analizar el texto

Usa estas páginas para aprender acerca de la estructura del cuento y el diálogo. Después vuelve a leer **Quique da una fiesta.**

Estructura del cuento

Quique y Guille son dos **personajes** de **Quique da una fiesta**. ¿Cuáles son los demás personajes del cuento? La casa de Quique es el **entorno.** ¿En qué otros lugares se desarrolla el cuento? La **trama** son los sucesos del cuento. ¿Qué sucesos importantes ocurren en el cuento? Usa un mapa del cuento para decir quién participa en el cuento, dónde están y qué hacen.

Personajes	Entorno
Trama	

RL.1.3 describe characters, settings, and major events; **RL.1.7** use illustrations and details to describe characters, setting, or events

Aprende en línea

El diálogo

Las palabras que dicen los personajes se llaman **diálogo.** El diálogo comienza con una **raya** (—). La palabra **dijo** indica quién está hablando. Los escritores usan el diálogo para indicar lo que dicen, piensan y sienten los personajes.

¿Qué dicen los personajes cuando Quique los invita a una fiesta? Mientras lees, piensa en quién está hablando y en cómo sonarán las palabras si las decimos en voz alta.

—Sí, sí que iré
—dijo el gato—.
¡Será una maravilla!

Es tu turno

REPASAR LA PREGUNTA ESENCIAL

Turnarse y comentar

¿Cómo puedes demostrarle a un amigo que te importa? Describe los personajes del cuento. Di por qué sabes que son amigos. ¿Por qué sabes que este cuento es una fantasía y no es de no ficción?

Comentar en la clase

Conversa sobre estas preguntas con tu clase.

1 ¿Qué nos dicen las palabras que hablan los personajes sobre ellos mismos?

2 ¿Cómo demuestra Quique que se preocupa por sus amigos?

3 ¿Te gustaría ir a la fiesta? ¿Por qué?

ESCRIBE SOBRE LO QUE LEÍSTE

Respuesta Escribe oraciones para decir cómo crees que es Quique. Di los motivos por los que piensas eso. Usa evidencia del texto, como palabras y dibujos, para obtener ideas.

Sugerencia para la escritura

Usa los detalles del cuento para pensar en buenos motivos para tu opinión.

ESTÁNDARES COMUNES RL.1.5 explain major differences between story books and informational books; RL.1.7 use illustrations and details to describe characters, setting, or events; W.1.1 write opinion pieces; SL.1.4 describe people, places, things, and events with details/express ideas and feelings clearly

POESÍA

Tiempos
felices

Leamos
juntos

La **poesía** suele tener líneas más cortas y palabras que riman. Las palabras ayudan a demostrar los sentimientos.

☑ **ENFOQUE EN EL TEXTO**

El **ritmo** es un patrón de compases en un poema. A veces es fácil de oír, como el de la música. Algunos poemas usan patrones de sílabas. Este ritmo no es fácil de oír. ¿Qué poemas son fáciles de acompañar con palmadas? ¿Cuáles no lo son?

ESTÁNDARES COMUNES **RL.1.4** identify words and phrases that suggest feelings or appeal to senses; **RL.1.10** read prose and poetry

Aprende en línea

Tiempos felices

¿Qué cosas te ponen triste?

¿Qué cosas te ponen contento?

Aquí tienes algunos poemas que hablan sobre los sentimientos.

Hora de cantar

En la mañana cuando el sol anuncia
que llegó la hora de despertar,
asomo la cabeza y con ligereza
me pongo a cantar, a cantar y a cantar.

por Rose Fyleman

Soy feliz

Soy feliz porque el cielo es azul.
Porque la tierra es aceitunada.
Porque hay aire fresco abundante
entre dos ricas rebanadas.

Anónimo

Niño risueño

Cae la nieve en el frío invierno
y un niño risueño saca sus palmas
hasta que le quedan blancas.

por Richard Wright

Responde a la poesía

• Escucha de nuevo los poemas. Di qué palabras o
grupos de palabras hablan sobre los sentimientos.

• Di otras palabras que conozcas relacionadas con
los sentimientos.

Comparar el texto

Leamos juntos

DE TEXTO A TEXTO

Escribir sobre los sentimientos ¿Cómo demuestran los personajes sus sentimientos? Escribe palabras del cuento y de los poemas que digan cómo se sienten.

EL TEXTO Y TÚ

Hacer una lista Imagina que das una fiesta. Haz una lista de las comidas que harías para tus invitados.

EL TEXTO Y EL MUNDO

Escribir oraciones ¿Cómo se ayudan los personajes de cada cuento? Escribe oraciones para decir cómo podrías ayudar a un miembro de tu familia o a un vecino.

Aprende en línea

ESTÁNDARES COMUNES RL.1.4 identify words and phrases that suggest feelings or appeal to senses; RL.1.9 compare and contrast adventures and experiences of characters

Gramática

Los artículos Las palabras **el, la, los, las** y **un, una, unos, unas** son palabras especiales llamadas **artículos.** Los artículos **el, la, un** y **una** se usan delante de un sustantivo en singular. Los artículos **los, las, unos** y **unas** se usan delante de un sustantivo en plural.

el oso

un horno

la bellota

unos pasteles

Túrnate con un compañero para leer las oraciones. Elige la palabra que corresponda en cada oración. Escribe correctamente cada oración en una hoja de papel aparte.

1. Afuera hay (una/unas) ardilla.

2. Nos sentamos al lado de (un/unos) árbol.

3. Recogieron (la/las) ciruelas hoy.

4. Papá tiene (el/los) mangos.

5. Mamá preparó (el/los) almuerzo.

6. Mi amigo se comió (un/unos) chocolates.

La gramática al escribir

Cuando revises tu escrito, asegúrate de usar correctamente los artículos con los sustantivos.

W.1.2 write informative/explanatory texts; **W.1.5** focus on a topic, respond to questions/suggestions from peers, and add details to strengthen writing; **L.1.1h** use determiners

Taller de lectoescritura: **Revisión**

Escritura informativa

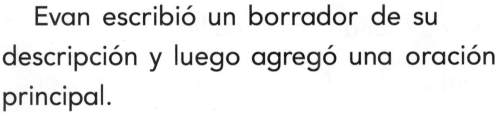

✓ Organización Una buena **descripción** empieza con una oración principal que dice sobre qué trata la descripción.

Evan escribió un borrador de su descripción y luego agregó una oración principal.

Leamos juntos

mi **Escritura genial**

Aprende en línea

Borrador revisado

El gato se ve muy gracioso.
∧Su sombrero alto es rojo y

blanco.

Lista de control para revisar

✓ ¿Escribí una oración principal?

✓ ¿He dado información sobre la apariencia del personaje? ¿Puedo agregar adjetivos?

✓ ¿He utilizado los artículos correctamente?

Busca los adjetivos en la versión final de Evan. Revisa lo que has escrito usando la lista de control para revisar.

Versión final

El gato y su sombrero gigante

El gato se ve muy gracioso.

Su sombrero alto es rojo y blanco.

El gato usa guantes blancos.

Tiene una cola larga y delgada, y dos patas peludas.

¡Incluso usa una corbata larga y roja!

Leamos
juntos

Lee cada cuento. Mientras lees, detente y responde cada pregunta. Usa evidencia del texto.

¡A comer panqueques!

Mamá hace los mejores panqueques.

Yo puedo ayudar a preparar algunos para mis amigos.

Primero tomo un tazón grande.

A continuación pongo los huevos.

Los rompo uno por uno.

Tomo un tenedor y los bato.

Agrego una taza de leche y mezclo todo.

 ¿Qué significa **bato** en el cuento?

RL.1.1 ask and answer questions about key details; **RL.1.3** describe characters, settings, and major events; **RL.1.6** identify who is telling the story; **RL.1.9** compare and contrast adventures and experiences of characters; **RL.1.10** read prose and poetry; **L.1.4a** use sentence-level context as a clue to the meaning of a word or phrase

Mamá pone más leche en el tazón.

Yo mezclo.

Después mamá toma una sartén.

Dejamos que se caliente.

Mamá me ayuda a poner la mezcla en la sartén.

Me deja dar vuelta a los panqueques.

Llamo a mis amigos: —¡A comer panqueques!

Los panqueques están ricos.

Los comemos todos.

---

2 ¿Quién cuenta el cuento? ¿Cómo lo sabes?

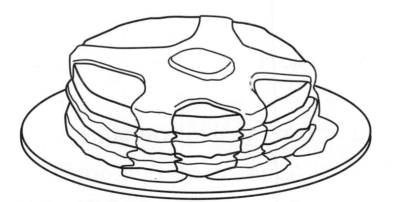

La confusión

Guida y papá hacen galletas.

Guida las pone en una bandeja.

Papá mete la bandeja en el horno.

Papá saca las galletas calientes.

Después Guida y papá se comen una galleta.

—¡Puaj! —dicen—.

¡Nuestras galletas no están ricas!

3 ¿Qué pasa después de que el papá saca las galletas calientes?

Entonces papá sonríe.

Mira la bolsa que usaron para la mezcla.

—Esta bolsa no tiene azúcar.

¡Tiene sal!

¡Fue una confusión!

4 ¿Qué hacen igual los personajes de ambos cuentos? ¿Qué hacen diferente?

Unidad 2   Palabras de uso frecuente

6 Gabo y el lobo

por qué
dijo
viene
nadie
estaba
ser

7 Cómo se comunican los animales

aquí
hace
cómo
estoy
mal
animal

8 ¡A hacer música!

alguien
dentro
han
estamos
nos
tocar

9 El Dr. Seuss

hizo
libro
leer
desde
divertido
llamaban

10 Quique da una fiesta

después
último
dieron
preguntó
invitó
cuánto

A

abejita

Una **abejita** es un insecto que hace miel. La **abejita** tiene rayas amarillas y negras.

avisa

Alguien **avisa** cuando le cuenta a otras personas sobre un peligro. El señor del clima **avisa** cuando viene una tormenta.

C

cachorro

Un **cachorro** es un perro bebé. También se puede usar para las crías de otros animales. El **cachorro** movió la cola.

cantamos

Nosotros **cantamos** cuando decimos palabras con música. En Navidad **cantamos** villancicos.

colina

Una **colina** es una montaña pequeña. Mi casa está en esa **colina**.

compás

Cuando se dice algo al **compás**, dos o más personas dicen algo al mismo tiempo. Dijimos "sí" al **compás**.

cuidaba

Cuidaba se usa para decir que alguien protegía a alguien o algo. Mi abuela me **cuidaba** todos los días cuando era bebé.

D

dieron

Dieron se usa para decir que otras personas entregaron o regalaron algo. Los abuelitos nos **dieron** dinero para la merienda.

divierte

Algo te **divierte** cuando te hace reír y estar feliz. El bebé se ríe cuando se **divierte**.

E

elefante

Un **elefante** es un animal muy grande que tiene una trompa enorme. El **elefante** está en el zoológico.

engañar

Engañar es cuando no dices la verdad. **Engañar** a tu maestro es malo.

G

gigante

Algo **gigante** es muy grande. El castillo de la princesa es **gigante**.

guitarras

Las **guitarras** son instrumentos musicales con seis cuerdas. Esas **guitarras** son españolas.

J

jardín

Un **jardín** es donde están las flores. En tu **jardín** hay tulipanes.

L

lobo

El **lobo** es el animal malo de los cuentos que se come a los demás. El **lobo** derribó la casa de los cerditos.

M

manga

La **manga** de pastelero sirve para decorar. Mi mamá decoró el pastel con una **manga** muy grande.

música

La **música** es el sonido que acompaña a las letras de las canciones. La **música** está muy fuerte.

O

olor

El **olor** es lo que sentimos a través de nuestra nariz. El **olor** de tu perfume es suave.

orgulloso

Alguien está **orgulloso** cuando se siente feliz por hacer algo bueno. Mi papá está **orgulloso** por mis calificaciones.

ovejas

Las **ovejas** son los animales que están cubiertos de lana. En la granja hay cinco **ovejas** blancas.

P

pájaro

Un **pájaro** es un animal que tiene plumas y vuela. El loro es un **pájaro**.

pastel

Un **pastel** es un postre que se come en las fiestas. También hay pasteles más pequeños, o pastelitos. El **pastel** de chocolate es mi preferido.

pastelero

El **pastelero** es la persona que hace los pasteles. El **pastelero** le pone crema al pastel.

personajes

Los **personajes** son las personas, animales o cosas que están en los cuentos. Los **personajes** del cuento son la tortuga y la liebre.

Q

quién

Quién se usa para preguntar por una persona. ¿**Quién** toca la puerta?

R

rayo

Un **rayo** es la electricidad que está en el cielo cuando hay una tormenta. El **rayo** quemó un árbol.

S

saltamos

Saltamos cuando nos elevamos del piso y volvemos a caer.
Hoy **saltamos** en el partido.

sombrero

Un **sombrero** es lo que usamos en la cabeza.
El **sombrero** grande es para la playa.

V

ve

Alguien **ve** cuando percibe algo con sus ojos.
La doctora **ve** la radiografía.

Y

yo

Yo es el pronombre que se usa para hablar de mí.
Yo canto una canción.

Acknowledgments

"Laughing Boy" from *Winter Poems* by Richard Wright. Copyright ©1973 by Richard Wright. Reprinted by permission of John Hawkins and Associates.

Credits

Placement Key:
(r) right, (l) left, (c) center, (t) top, (b) bottom, (bg) background

Photo Credits
4 (t) Steve & Dave Maslowski / Photo Researchers, Inc.; **4** (cl) ©William Munoz Photography; **4** (bl) Naturfoto Honal/Corbis; **4** (bl) ©Gary Vestal/Getty Images; **4** (bl) © Martin Rugner/age fotostock; **4** (bl) ©Frank Greenaway/Dorling Kindersley/Getty Images; **5** (cl) ©Yolanda Martinez/Legends Alive Productions, LLC; **6** (tc) ©Eliot Cohen & Judith Jango-Cohen; **6** (tl) ©United States Postal Service; **6** © James L. Amos/CORBIS; Blind **[9]** ©George Doyle/Stockbyte/Getty Images; **10** (br) John Lund/Sam Diephuis/Blend Images/Getty Images; **10** (t) ©Arco Images/Wittek R./Alamy; **11** (tl) ©Carol Lee/Alamy Images; **11** (bl) ©Corbis; **11** (tr) ©Tim Pannell/Corbis; **11** (br) ©Jeffrey Lepore/Photo Researchers, Inc.; **13** Photodisc/Getty Images; **31** Alan and Sandy Carey/Photodisc; **37** (cr) Picture Partners / Alamy; **39** (cr) © Kurt Banks / Alamy; **42** (t) Alex Mares-Manton/Asia Images/GettyImages; **42** (b) ©Ingo Bartussek/Nature Picture Library; **42** (tl) ©William Munoz Photography; **42** (tc) Naturfoto Honal/Corbis; **42** (tc) ©Gary Vestal/Getty Images; **42** (tc) © Martin Rugner/age fotostock; **42** (tc) ©Frank Greenaway/Dorling Kindersley/Getty Images; **43** (tr) ©Image100/Alamy; **43** (tr) ©David De Lossy/Photodisc/Getty Images; **43** (bl) © Michael Newman / PhotoEdit; **43** (br) ©Rhoda Sidney/PhotoEdit; **44** Digital Vision/Getty Images; **44** (tl) ©William Munoz Photography; **46** (c) ©William Munoz Photography; **46** ©William Munoz Photography; **46** (bg) ©William Munoz Photography; **48** (c) ©William Munoz Photography; **49** (c) ©Keith Szafranski/Mostly Wildlife Photography; **50** ©Visual&Written SL/Alamy; **51** © W. Perry Conway/CORBIS; **52** Steve & Dave Maslowski / Photo Researchers, Inc.; **53** (c) ©William Munoz Photography; **54** (t) Francois Gohier / Photo Researchers, Inc.; **55** © Scott Camazine / Alamy; **56** (c) ©William Munoz Photography; **57** (c) ©Keith Szafranski/Mostly Wildlife Photography; **58** (t) ©William Munoz Photography; **58** (b) Steve & Dave Maslowski / Photo Researchers, Inc.; **59** (t) Francois Gohier / Photo Researchers, Inc.; **59** (b) ©William Munoz Photography; **60** (c) ©William Munoz Photography; **62** ©William Munoz Photography; **63** © W. Perry Conway/CORBIS; **64** (cr) Getty Images; **65** ©William Munoz Photography; **66** ©Gary Vestal/Getty Images; **66** (tl) Naturfoto Honal/Corbis; **66** (tl) ©Gary Vestal/Getty Images; **66** (tc) © Martin Rugner/age fotostock; **66** (tl) ©Frank Greenaway/Dorling Kindersley/Getty Images; **67** (b) ©Frank Greenaway/Dorling Kindersley/Getty Images; **67** (t) © Martin Rugner/age fotostock; **68** Naturfoto Honal/Corbis; **69** (tc) Naturfoto Honal/Corbis; **69** (tc) ©Gary Vestal/Getty Images; **69** (tc) © Martin Rugner/age fotostock; **69** (tc) ©Frank Greenaway/Dorling Kindersley/Getty Images; **74** (t) © John Henley/CORBIS; **74** (b) ©Tom & Dee Ann McCarthy/Corbis; **74** (tc) ©Yolanda Martinez/Legends Alive Productions, LLC; **75** (tr) ©Fancy/Alamy Images; **75** (tl) ©Jose Luis Pelaez/GettyImages; **75** (bl) ©David Buffington/Blend Images/Getty Images; **75** (br) ©Dave and Les Jacobs/Blend Images/Getty Images; **76** Steve Cole/PhotoDisc/Getty Images; **91** (cr) ©PhotoDisc/Tony Gable and C Squared Studios.; **97** PhotoDisc; **98** ©Yolanda Martinez/Legends Alive Productions, LLC; **98** (tl) ©Yolanda Martinez/Legends Alive Productions, LLC; **101** (br) Artville/Getty Images; **101** (tr) Jose Luis Pelaez/Iconica/GettyImages; **101** (tc) ©Yolanda Martinez/Legends Alive Productions, LLC; **102** (bl) ©Corbis; **103** (c) ©PhotoDisc/Tony Gable and C Squared Studios.; **106** (t) ©Image100/Corbis; **106** (b) ©Michael Newman/PhotoEdit; **106** (tl) © James L. Amos/CORBIS; **107** (tl) ©Greatstock Photographic Library/Alamy; **107** (tr) ©Tom Prettyman/PhotoEdit; **107** (bl) ©Jack Hollingsworth/Corbis; **107** (br) ©Michael Newman/PhotoEdit; **108** Stock4B/Corbis; **108** (tl) © James L. Amos/CORBIS; **110** (tl) © James L. Amos/CORBIS; **111** (bg) © James L. Amos/CORBIS; **112** (inset) ©Gene Lester/Contributor/Hulton Archive/Getty Images; **113** (inset) ©Time & Life Pictures/Getty Images; **114** (inset) ©Gene Lester/Getty Images; **115** ©International Creative Management, Inc., ICM; **116** (t) ©Time & Life Pictures/Getty Images; **117** (b) Dr. Seuss Images ™ & © Dr. Seuss Enterprises, L. P. 2009; **118** ©United States Postal Service; **119** ©International Creative Management, Inc., ICM; **121** ©Gene Lester/Hulton Archive/Getty Images; **122** Dr. Seuss Images ™ & © Dr. Seuss Enterprises, L. P. 2009; **123** Dr. Seuss Images ™ & © Dr. Seuss Enterprises, L. P. 2009; **123** (l) ©Eliot Cohen & Judith Jango-Cohen; **123** (bg)

Illustrations